वो जो कहा नहीं गया

दिल से

Apeksha Jain

BookLeaf Publishing
India | USA | UK

Made with ❤ on the BookLeaf Publishing Platform
www.bookleafpub.in
www.bookleafpub.com

Dedication

This collection of poems is very special to me. It has my heart in it. Whenever i felt sad, happy, anxious, Poems was my way to deal with every emotion i was going through. I could have written in English, but i felt more connected with Hindi and felt that the emotions are coming out beautifully in Hindi.

Hence, this is a very dear work of art and i want to dedicate it to none other than my son

Tattvarth Jain. Earlier when i was not a mother, i was skeptical of having a child but when god directed me to motherhood, i embraced it with open arms. My son is my everything and everything that i own will always belong to him as he owns my heart.

So, this one is for you beta, just know that Mumma loves you no matter what.

Preface

जब से होश संभाला है, तब से ऐसा लगता है की जो भी दिल महसूस कर रहा है उसे बस लिखते जाओ। कविताएं लिखने का दौर मेरा अमरावती से शुरू हुआ जब 2018 में, मैं वहां IIMC से अंग्रेज़ी पत्रकारिता का मास्टर कोर्स करने गयी थी। बनना मुझे अंग्रेजी पत्रकार था, लेकिन हिंदी अच्छी होने की वजह से मुझे हिंदी न्यूज़ चैनल व पब्लिक ऐप के साथ काम करने का मौका मिला। नौकरी और निजी ज़िन्दगी से जूझते हुए मैंने कविताओं में अपना दिल लगाया। धीरे-धीरे शब्द मेरे पास आने लगे और मैं लिखने लगी। मन जब भी विचलित होता, मैं लिखने बैठ जाती। दिल हारा हुआ महसूस करता तो मैं शब्दों में अपना दर्द ढूंढ़ती। बस ऐसे ही मैंने धीरे-धीरे कुछ कविताएं लिखीं जो अब जाकर आपके सामने प्रस्तुत करने की हिम्मत जुटा पाई हूँ।

इस किताब में आपको दिल जले आशिक़ की पीड़ा दिखेगी, खुद की खोज में निकली शक्शियत से भी आपकी मुलाक़ात होगी। कुछ कविताएं आत्मचिंतन के लिए भी लिखीं गयी है। देखा जाए तो इस किताब में आपको सब मिलेगा।

आशा करती हूँ की आपको पसंद आएगा और आप मेरी कविताओं को महसूस कर पाएंगे।

Acknowledgements

मैं मेरे माता-पिता की शुक्रगुज़ार हूँ, क्यूंकि मेरी इस यात्रा में उन्होंने सबसे ज़्यादा मेरा साथ दिया। सबसे ज़्यादा अगर किसी ने साथ दिया तो वो मेरी माँ ममता जैन हैं, उनसे लड़ती बहुत हूँ , लेकिन प्यार भी बहुत करती हूँ। ममता जैन केवल एक नाम नहीं है, मेरे लिए ममता जैन एक ब्रांड है। उनका लेखन व वाणी बहुत साफ़ और स्पष्ट है, जो भी उन्हें सुनता है मंत्रमुग्ध हो जाता है और यही उनका अस्त्र है और शस्त्र भी।

दोस्तों ने भी मेरा बहुत साथ दिया, जब भी उनके पास हारी हुई गई, उन्होंने मुझे संभाला और साथ खड़े रहे।

इस किताब के पीछे की प्रेरणा वो सब लोग है जो मेरी ज़िन्दगी में आए और वो भी जो सिर्फ मेरी कल्पना में रह गए।

इस किताब के पीछे का थोड़ा सा श्रेय मैं मेरे पति को भी देना चाहूंगी, उनकी वाणी ने मुझे ऐसा उकसाया की मैंने कुछ कर गुजरने की ठान ली। उन्होंने आइना दिखाया की खुद के लिए कुछ करना कितना महत्वपूर्ण है।

चलिए अब चलते है मेरे पिटारे की ओर....

1. मैं तुम्हारी, तुम मेरे सब कुछ

मैं मर्ज, तो तुम मल्हम

मैं शाम, तो तुम जाम

मैं नफरत, तो तुम प्यार

मैं लफ्ज़, तो तुम अल्फ़ाज़

मैं शब्द, तो तुम पंक्ति

मैं हार, तो तुम शक्ति

मैं ज़बान, तो तुम आवाज़

मैं धरती, तो तुम आसमान

मैं तारा, तो तुम तारामंडल

मैं शांति तो तुम बवंडर

2. श्रेय नहीं मिलता

एक इंसान को जीवन में कितनी सारी चीज़ों का श्रेय नहीं मिलता

हमे खुद को समेट कर रखने का कभी श्रेय नहीं मिलता

बुरा वक्त सहनशीलता से पार करने का श्रेय नहीं मिलता

खुद को हर दिन बिस्तर से उठाकर रोज़मर्रा की चीज़ें करने का श्रेय नहीं मिलता

जो चीज़ें नदारद है उन्हें भी खुशी से करने का श्रेय नहीं मिलता

जो हमें जान से प्यारा है, उसे खो कर भी खुद को संभाले रखने का श्रेय नहीं मिलता

इंसान को श्रेय तो मिलता है, लेकिन बस ज़िन्दगी जीने का श्रेय नहीं मिलता

3. प्यार में पागल

याद है तुम कैसे मेरे बालों में तेल लगाया करते थे,

और मैं तुम्हारी जांघों में अपने सिर को टिकाए रखती थी

तुम बड़े प्यार से मेरी चोटी बनाया करते थ,

और मैं तुम्हें सिर्फ निहारती थी

तुम मुझसे कहते थे कि इतना मत देखो प्यार में पागल हो जाओगी

और मैं हँसकर कहती थी कि पागल वो भी तुम्हारे लिए ?

वैसे सच बताऊँ तो हमे जुदा हुए काफी वक़्त हो चुका है

लेकिन मैं आज भी तुम्हारे प्यार में पागल हूँ

बाल संवारते वक़्त आज भी तुम्हें ही ढूंढती हूँ

4. खुद से खुद को कब तक दूर रखोगे?

खुद से खुद को कब तक दूर रखोगे?
कभी न कभी तो खुद के साथ बैठना ही होगा
वो सारी गुफ़्तगू करनी होंगी जो तुम्हें गवारा नहीं
वो सारे लम्हें महसूस करने होंगे जो तुम्हें रास नहीं

आखिर कब तक खुद से दूर भागोगे ?
खुद से बढ़कर कोई भी तुम्हारा सहारा होगा नहीं
दुनिया घूम लो लेकिन तुम्हें तुम जैसा मिलेगा नहीं
तुम खुद को खुद से दूर क्यों कर रहे हो ?
तुम खुद से क्यों इतना डर रहे हो ?

आख़िर तुम कब तक ऐसे दूर भागते रहोगे
कभी न कभी तो रुकना होगा
खुद से आमना सामना तो करना होगा
खुद का सारथी तो बनना ही होगा
तो क्यों न आज ही खुद से खुद को मिला लो
जितने भी गीले शिकवे हैं, बस सब मिटा दो
ज़िन्दगी को एक हसीन शख्स से मिलवा दो

5. मैं लिखूँ तो क्या लिखूँ?

मैं लिखूँ तो क्या लिखूँ?
मन मे चल रहे बवंडर को शब्दों में पिरोना मुश्किल हैं
आत्मा को कचोटती यादों को कैसे लिखूं ?

मैं लिखूं तो क्या लिखूं ?
जिस उलझन में हूँ उसे सुलझाना मुमकिन नहीं
सोचा था लिख कर ही काम चलातें हैं
लेकिन अचानक से शब्द नहीं हैं मेरे पास
और ना ही लोग हैं मेरे आस पास

मैं लिखूं तो क्या लिखूं ?
मौसम की तरह मेरी कहानियां भी बदली
कुछ किरदारों में खुश तो कुछ में बदकिस्मत निकली
किसी और कि कहानी की हीरोइन बनने की बजाय
खुद की कहानी में विलन निकली

मैं लिखूं तो क्या ही लिखूं?
शायद मेरी रातों की तरह मेरे शब्द भी धुंधले हो रहे हैं
शायद लिखते-लिखते मेरे हाथ भी कमज़ोर हो रहे हैं
किसी और दुनियां में शरीक न हो जाऊं

इसीलिए लिख रही हूं
लेकिन शब्दों के जाल में फंस रही हूं

अब तुम ही बताओ कि मैं लिखूं तो क्या लिखूं ?

6. परवाह

मैं आपकी परवाह करती हूं

यह महज़ शब्द नहीं हैं

एहसास हैं,

इस एहसास का अपना महत्व होता हैं

यह एहसास तब होता है जब आप किसी के करीब होतें हैं

लेकिन आजकल यह एहसास गुम सा गया हैं

लोग सिर्फ शब्दों पर ही ध्यान देने लगे हैं

एहसासों पर नहीं

7. कद्र

किसी की कद्र करना एक महत्वपूर्ण कदम हैं

अक्सर लोग इससे पीछे हट जाते हैं

कद्र करके नीचा दिखाते हैं

नीचा दिखाने के बाद कद्र की बातें करते हैं

लोग होते ही अजीब हैं

कद्र से कद भी नाप लेते हैं

पहले अपना सा महसूस करवाते हैं

फिर बेगानों की तरह पेश आतें हैं

लोग होते ही मतलबी हैं

हसना सीखा कर, फिर रुलाने की बात करते हैं

क़द्र की बातें करने वाले

अक्सर खुद क़द्र करना भूल जातें हैं

8. मैं जैसी हूँ मुझे रहने दो

मैं जैसी हूँ मुझे रहने दो
दुनियाँ से अनजान रहने दो
मेरे मन में जो भी है बस मुझे कहने दो
मैं ज़िद्दी हूँ, कायर नहीं
स्वाभिमानी हूँ,
अभिमानी नहीं
लोगों को पढ़ना जानती हूँ,
बहलाना नहीं
तुम्हें खुश करना जानती हूं,
खुद को नहीं
मैं तुम्हें समझना जानती हूँ,
अपने मन को नहीं

अब जो भी है मन में कहने दो
अब इस दुनिया से अनजान रहने दो

तुम छोटी सोच रखना जानते हो
मैं नहीं
तुम पीठ पीछे बात करना जानते हो

मैं नहीं
तुम दोहरा चरित्र रखना जानते हो
मैं नहीं
तुम झूठ बोलना जानते हो
मैं नहीं

अब मुझे मेरी चुप्पी तोड़ने दो
अब जो भी मन में हैं बोलने दो
मैं जैसी हूँ मुझे रहने दो

9. ख्वाब

ख्वाहिशों के पुल बांधते-बांधते
मैं तुम्हारे साथ शादी के सपने देखने लगी
मन ही मन उन ख्वाबों को हक़ीक़त में बदलने की कोशिश करने लगी
खुद को लाल चुनरी में देख शरमाने लगी
और तुम्हें उस शेरवानी में देख जान गँवाने लगी

लेकिन वक़्त भी कितना अजीब है ना ?
ख्वाब पूरे करके भी अधूरे छोड़ देता है
कुछ सालों बाद मैं वही लाल चुनरी में थी
लेकिन तुम सामने नहीं थे
तुम भी वही शेरवानी में थे
लेकिन लाल लिबाज़ में कोई और थी

देखते ही देखते हमने अपने ख्वाब पूरे तो किए
लेकिन एक दूसरे को खो कर

10. तुम क्यों आए हो ?

बड़े दिनों बाद आज तुम्हारे दर्शन हुए हैं
कहो क्या बात है?
मेरा हाल पूछने आए हो या देखने ?
हां बेशक तुम्हारे जाने के बाद रोए बहुत थे हम
क्या उसी का हिसाब लेने आये हो ?
बताओ न क्यों आये हो ?

चुप रहने की आदत गई नहीं न तुम्हारी ?
आज भी तुम्हारी चुप्पी में अपनी आवाज़ ढूंढ रही हूं
परेशान हो या मुझे इस हाल में देख मजबूर ?
आखिर तुम क्या हासिल करने आये हो ?
बताओ न तुम क्यों आये हो ?

क्या रज़िया तुम्हारा ठीक से ख्याल नहीं रखती?
क्या वो तुम्हें मेरी तरह मोहब्बत नहीं करती ?
क्या सर्द रातों में आज भी तुम्हें मेरी कमी महसूस होती है?
क्या तुम मुझे इन सब के जवाब दे सकते हो ?
आखिर बता ही दो कि तुम क्यों आए हो ?

11. बुज़दिल

जो ख़ुद का सोचे वो
ख़ुदगर्ज़
जो दूसरों का सोचे वो
कामगर
जो किसी का न सोचे वो
नकारा
और जो सबका सोचे वो ही
सहारा
जो बात मान ले
वो आज्ञाकारी
जो ना माने वो क्रांतिकारी
जो रास्ता दिखाए वो मार्गदर्शक
जो ख़ुद का रास्ता बनाए
वो भक्षक
जो दूसरों के लिए जिए वो
परोपकारी
जो ख़ुद के लिए जिए वो
उग्रवादी
इस दुनिया में जीना हो गया है मुश्किल

हर मोड़ पर मिल जाते है बुज़दिल

12. ज़हर का घूँट

कुछ करो चाहे ना करो

बदनाम तो तुम्हें होना होगा

औरत हो,

यह ज़हर का घूँट तो तुम्हें पीना होगा

रास्ते से गुज़रता हर व्यक्ति

तुम्हें सलाह दे जाएगा

तुम चलो या रुको

हर चीज़ को मापा जाएगा

लोग खरी खोटी सुनाएँगे

तो तुम्हें चुप चाप सुनना होगा

इज़्ज़त की अपेक्षा रखते-रखते

अपमान भी सहना होगा

प्यार दिखाओगी तो बुरी बनोगी

नहीं दिखाओगी तो बुरी बनोगी

यह चयन तुमको करना होगा

औरत हो

यह ज़हर का घूँट तुम्हें पीना ही होगा

मन की बातें कहीं बोल दो तो

भूचाल सा आ जाएगा

जो ना बोलो तो ग़लत समझा जाएगा

अब यह सब तो सहना होगा,

औरत हो

यह ज़हर का घूँट तुम्हें पीना ही होगा

13. उड़ान

ज़माने से थककर जब कभी भी तुम बैठना
तो इत्मीनान कर लेना
की तुमने वो सब कुछ किया जो तुम कर सकते थे
जीवन के उतार-चढ़ाव को परख सकते थे
अब तुम्हारी आदत सी बन गई है जुड़ना और टूटना
टूट कर फिर जुड़ना
और उड़ना
लेकिन याद रखना
जब-जब तुम उड़ोगे
तो खींचने वाले हज़ार होंगे
तुम्हारे पंख काटने वाले इंतज़ार में होंगे
लेकिन गरुड़ देव की तरह तुम भी रुकना मत
सीता मैय्या को बचाने की तरह
तुम्हें भी अथक प्रयास करने होंगे
खुद से लड़ना होगा
और उड़ना होगा

14. किरणें

सुबह की किरणों ने न जाने क्या बात कही

न मैं सो पाई और न ही नज़रें मिला पाई

जैसे-जैसे वो खिड़कियों से लड़कर मेरे पास आई

मेरे अँधेरे से मन में रौशनी भर आई

रातभर अँधेरे से लड़ते

आसमान से निकल कर मेरे पास आई

वो किरणें कुछ कहना चाहती थीं

मुझे उठाकर बस अपनी बाहों में भरना चाहती थीं

मेरी नमी आँखों को सेकना चाहती थीं

शायद मेरे चेहरे की मुस्कान वापस लाना चाहती थीं

रात और दिन की ये कैसी अनबन है

दिन जागने नहीं देता

और रातें सोने नहीं देतीं

अब बस इन किरणों का ही सहारा है

जो मुझे अंधेरों में गिरने नहीं देती

15. कभी अगर तकदीर ने फिर से मिलाया हमको

कभी अगर तकदीर ने एक बार फिर से मिलाया हमको
तो रूठकर गुज़र मत जाना
दूर खड़े होकर बस मुस्कुराना
दिल में दबे एहसासों को दिल में ही दफना जाना
कभी अगर तकदीर ने एक बार फिर से मिलाया हमको
तो नमी आखों से देख कर मुँह फेर लेना
पर अपनी दबी आवाज़ से मुझे आवाज़ न देना
अगर होठों तक भी मेरा नाम आ जाए तो उसे भुला देना
तुम्हारी मेरी कहानी में पूर्णविराम लगा देना
कभी अगर तुम्हें मेरी तस्वीर भी मिल जाए तो उसे आग लगा देना
कभी तुम्हें मेरा ख्याल आए तो चाँद को देख कर याद कर लेना
मगर मुझे आवाज़ न देना
जब कभी भी तकदीर ने मिलाया हमको
तो पुरानी बातों को याद कर रो न देना
दिल से कहना सब ठीक है और मुस्कुराना
तुम्हारा और हमारा साथ बस यहीं तक था
लेकिन कभी अगर तकदीर ने एक बार फिर मिलाया से हमको
तो, बस रूठकर चले मत जाना
दूर खड़े होकर मुस्कुराना

16. औरत हूँ मैं

तो क्या हुआ अगर मैं कवि नहीं ?
लेकिन मैं लिखना जानती हूँ
तो क्या हुआ अगर मेरे पंख नहीं ?
लेकिन अपने सपनो की उड़ान भरना जानती हूँ
तो क्या हुआ अगर मेरे पास MBA की डिग्री नहीं ?
लेकिन घर का और बच्चों का मैनेजमेंट जानती हूँ
तो क्या हुआ अगर मुझे सुर ताल की समझ नहीं ?
लेकिन ज़रुरत पढ़ने पर लोगों को नचाना भी जानती हूँ
तो क्या हुआ अगर मुझे गाड़ी चलाने नहीं आती ?
लेकिन घर बखूबी चलाना जानती हूँ
तो क्या हुआ अगर मैं खूबसूरत नहीं ?
लेकिन अपना दिल साफ़ रखना जानती हूँ
औरत हूँ मैं, मुझसे तू और तेरा संसार है
मैं अगर किसी को ज़िन्दगी दे सकती हूँ
तो सोचा मैं कितना जानती हूँ ?

17. क्या तुम खुश हो ?

कुछ बेताब से हम हैं,

कुछ ग़मगीन से तुम हो,

कैसी हैं ये दूरियाँ

तुम पास होकर भी दूर हो

मैं मानती हूँ रास्ते बदल गए हैं हमारे

लेकिन अब हम रह गए किसके सहारे ?

कुछ खामोश से तुम हो

कुछ मदहोश सी मैं हूँ

जज़्बातों में कैद हर दिन

बस यही सोचती रहती हूँ

क्या तुम खुश हो ?

18. ऐसी मेरी किस्मत नहीं

किसी की यूँ इस कदर हो जाऊं
की जब आँखें नम हो तो वो सामने हो
ऐसी मेरी किस्मत नहीं
की जब मेरी धड़कने बढ़े तो उसकी वजह से
की जब साथ नहीं कोई मेरे तो वो खड़ा मिले
ऐसी मेरी किस्मत नहीं
की जब दुनियाँ मेरे खिलाफ हो
तारे भी मुझसे रूठे हों
तो वो रौशनी बन मेरे सामने हो
ऐसी मेरी किस्मत नहीं
की जब कुछ भी अच्छा न लगे
मन भी लगे फीका-फीका
तो वो मेरे जीवन में चाशनी सा बनकर आए
ऐसी मेरी किस्मत नहीं
की जब रो-रो कर बेहाल हो आँखें
जब चीख-चीख कर दुखने लगी आतें
तो वो मेरे दर्द की दवा बनकर आए
ऐसी मेरी किस्मत नहीं
जब हो रही हो मेरी सबसे अनबन
जब खुदा ने भी मुझे ठुकराया हो

तो वो दुआ बनकर आए
ऐसी मेरी किस्मत नहीं
की जब मेरा अंतिम समय आए
तो उस आखरी क्षण में भी उसका दीदार हो
ऐसी मेरी किस्मत नहीं
की वो मेरे मरने के बाद मुझे मुखाग्नि दे
मेरे जाने का उसको दुःख सताए
ऐसी, मेरी किस्मत नहीं

19. बस तू

दिल भी तू,
धड़कन भी तू
मेरे होने, न होने का
प्रमाण भी तू
मेरी सांसें भी तू
मेरा एहसास भी तू
मेरे जीने, न जीने
की वजह भी तू
दरिया भी तू
सागर भी तू
मेरे मिलने, न मिलने का
किनारा भी तू
सूरज भी तू
चंदा भी तू
मेरे ढलने, न ढलने
का इशारा भी तू
ज़िद भी तू
जूनून भी तू
थकती निगाहें और पैरों का
सहारा भी तू

दिल भी तू
धड़कन भी तू
मेरे अस्तित्व व विनाश का
एक मात्र कारण है तू.....

20. मेरे अलफ़ाज़ः शायरी

मन कितना बेचैन और बदमाश है
अक्सर तुम्हारे बारे में ही सोचने को मजबूर करता है
इस शरारत से बचने का क्या कोई उपाय है?

खुद को पाने की कशमकश में जूझ रहीं हूँ
जो खोया है उसे पाने की कोशिश कर रही हूँ
प्यार करना तो आसान होता है न?
लेकिन मैं क्यों खुद से प्यार करने से डर रहीं हूँ?

ज़िन्दगी खट्टी मीठी ही अच्छी लगती है
वरना कड़वाहट घोलने वाले तो काफी नज़रें गढ़ाए बैठे हैं।

तुम और मैं बिलकुल चाय और बिस्कुट की तरह हैं

एक दूसरे के बगैर अधूरे और जब साथ हो तो एक दूसरे में डूबे हुए ।

चाहे दिन मेरा कैसा भी गुज़रे
लेकिन संवरता तब है जब तुम साथ होते हो ।

चाँद सितारें तोड़कर लाने वाली बात तो सब करते हैं।
लेकिन तुम मेरे लिए बस प्यार लाना
इतना कि मुझे उसकी कभी कमी ना पड़े

वो इश्क़ है किसी और का
मैं दीवानी हूँ किसी और कि
क़िस्मत ने क्या खूब कमाल दिखाया
दो टूटे हुए दिलों को एक कराया

21.

अंधेरी सी थी मेरी ज़िंदगी
तुमने आकर रोशन कर दिया
मेरे शरीर के एक-एक हिस्से को तुमने
छू कर सोना कर दिया

बेबाक , अड़ियल ,नादान हो तुम
लेकिन जो भी हो , मेरे दिल जान हो तुम

वो बाज़ार में ढूंढने निकले थे ईमान
क्या पता था खुद ही बिक कर आ जाएंगे

हर दीवार, हर गली , हर घर मे लिखवा दो
मेरे इश्क़ की दास्तां
उसे भी पता चले कि वो कितना अज़ीज़ है

मेरा हाथ थामकर तुमने यूँ छोड़ा
की जब उठा तो मेरा भाग्य दौड़ा

टूटा हुआ दिल कभी हारा नहीं होता
हारा वो होता है तो बार-बार टूटने पर मजबूर करता है

तुम कागज़ के पन्नों की तरह
मुझे कुछ यूँ पढ़ने लगे
तुम्हारी नज़रों को दर्पण बनाकर
मेरे हौसले उड़ान भरने लगे

क़ैदी वो है जो ख़ुद में क़ैद है
वरना जेल में सड़ने वाले एक ना एक दिन मुक्ति पा ही लेते हैं

वो क्या अफ़सोस करेगा जिसके पास कुछ नहीं हैं
अफ़सोस तो वो करता है जिसके पास सब कुछ होकर भी कुछ नहीं

क़ैद इन नज़रों में तेरा दीदार है - २
दीदार तो चला गया अब क़ैदी रिहा है

www.ingramcontent.com/pod-product-compliance
Lightning Source LLC
Chambersburg PA
CBHW070651240926
51846CB00003BA/876
9789375278122